Annamaria Fra

QUADERNO D'ESERCIZI

per imparare

LE PAROLE DELLO SPAGNOLO

4

VALLARDI

Antonio Vallardi Editore s.u.r.l.
Gruppo editoriale Mauri Spagnol
www.vallardi.it

Per essere informato sulle novità del Gruppo editoriale Mauri Spagnol visita:
www.illibraio.it

Illustrazioni tratte dal sito del CRDP dell'Accademia di Digione

Ristampe: 9 8 7 6 5 4 3 2 1 0
2019 2018 2017 2016 2015

ISBN 978-88-6731-789-9

Finito di stampare nel settembre 2015
da Prontostampa s.r.l. – Verdellino di Zingonia (BG)

SOMMARIO

Se un esercizio vi pare difficile, passate liberamente ai successivi e tornate indietro quando vi sentirete più sicuri

ELENCO DELLE PAROLE SPAGNOLE DA IMPARARE IN QUESTO VOLUME

NOMBRES • NOMI

Comer y beber • Mangiare e bere

CARNE • CARNE

albóndigas	polpette
asado	arrosto
carne picada	carne trita
chicharrones	ciccioli
lacón	cosciotto di maiale
lengua	lingua
lomo de cerdo (*m.*)	lonza
morcilla (*f.*)	sanguinaccio
paloma (*f.*)	piccione
pincho moruno	spiedino
puchero	bollito
riñón	rognone
rollito de carne	involtino

Casa, habitaciones y objetos • Casa, stanze e oggetti

TIPOS DE VIVIENDAS • TIPI DI CASE

bungalow	bungalow
casa adosada	villetta a schiera
casa unifamiliar	casa unifamiliare
chalé (*m.*)	chalet / villetta
estudio	monolocale
granja	fattoria
vivienda (*f.*)	abitazione / alloggio

CUARTO DE BAÑO • BAGNO

albornoz (*pl.* **-ces**)	accappatoio
bañera	vasca da bagno
bidé	bidè
brocha de afeitar (*f.*)	pennello da barba

cepillo de dientes	spazzolino da denti
cepillo para el pelo (*m.*)	spazzola (per capelli)
champú	shampoo
descarga (*f.*)	sciacquone
ducha	doccia
espuma de afeitar	schiuma da barba
jabón	sapone
lavabo	lavandino
máquina de afeitar (*f.*)	rasoio
papel higiénico (*m.*)	carta igienica
pasta dentífrica (*f.*)	dentifricio
peine	pettine
secador	asciugacapelli
toalla (*f.*)	asciugamano
water	water / gabinetto

Cuerpo • *Corpo*

AL INTERIOR DEL CUERPO • ALL'INTERNO DEL CORPO

amígdala	tonsilla
bazo (*m.*)	milza
clavícula	clavicola
costilla	costola
espina dorsal	spina dorsale
faringe	faringe
fémur	femore
glándula	ghiandola
laringe	laringe
ovario (*m.*)	ovaia
páncreas	pancreas
próstata	prostata
tendón	tendine
tripas	budella / viscere
vesícula biliar	cistifellea

Enfermedades y síntomas • *Malattie e sintomi*

bronquitis	bronchite
calambre	crampo
congestión	congestione
desmayo	svenimento
diarrea	diarrea
dolor	male / dolore
dolor de cabeza	mal di testa
escalofrío	brivido

espasmo	spasmo
estornudo	starnuto
estreñimiento (*m.*)	stitichezza
fiebre	febbre
gripe	influenza
indigestión	indigestione
insomnio (*m.*)	insonnia
mal (*m.*)	male / malattia
mareo (*m.*)	capogiro / nausea
náusea	nausea
resfriado	raffreddore
tos	tosse
vómito	vomito

MEDICAMENTOS • MEDICINE

analgésico	analgesico
antibiótico	antibiotico
antifebril	antipiretico
antitérmico	antipiretico
jarabe	sciroppo
laxante	lassativo
medicamento (*m.*)	medicina / farmaco
somnífero	sonnifero

Ropa y complementos • Indumenti e accessori

TIPOS DE CALZADO • TIPI DI SCARPE

alpargatas	espadrillas
bailarina	ballerina
bota de agua (*f.*)	stivale di gomma
calzado (*m.*)	calzatura / scarpa
chancleta (*f.*)	infradito
pantufla	ciabatta / pantofola
sueco	zoccolo
zapatilla de deporte	scarpa da ginnastica
zapato de tacón (*m.*)	scarpa col tacco

Medios de transporte • Mezzi di trasporto

barco de crucero (*m.*)	nave da crociera
bote salvavidas (*m.*)	scialuppa di salvataggio
canoa	canoa
submarino	sottomarino
yate	yacht

avioneta (*f.*)	aereo da turismo
dirigible	dirigibile
globo aerostático (*m.*)	mongolfiera
planeador	aliante

POR LA CALLE • PER STRADA

acera (*f.*)	marciapiede
atasco	ingorgo
calle	via / strada
callejón	vicolo
calzada	carreggiata
carretera	strada
carril (*m.*)	corsia
cruce	incrocio
farol	lampione
glorieta (*f.*)	rondò / rotatoria
paso de cebra (*m. sing.*)	strisce pedonali
paso elevado	cavalcavia
rotonda	rotonda
semáforo	semaforo
tráfico	traffico

Deportes • Sport

artes marciales	arti marziali
esquí náutico	sci nautico
golf	golf
parapente	parapendio
remo	canottaggio
rugby	rugby
snowboard	snowboard
tenis de mesa	ping-pong
tiro al blanco	tiro a segno
vela	vela
windsurf	windsurf

Tiendas • Negozi

ferretería	ferramenta
joyería	gioielleria
mercería	negozio di merceria
peletería	pelletteria
perfumería	profumeria

Animales • Animali

babuino	babbuino
ballena	balena
búfalo	bufalo
caballito de mar	cavalluccio marino / ippocampo
camello	cammello
canguro	canguro
cebra	zebra
dromedario	dromedario
estrella de mar	stella marina
foca	foca
hipopótamo	ippopotamo
león	leone
leopardo	leopardo
medusa	medusa
morsa (*f.*)	tricheco
murciélago	pipistrello
panda	panda
pantera	pantera
pez espada (*pl.* **-ces**)	pescespada
pulpo (*m.*)	polpo / piovra
rinoceronte	rinoceronte
sabueso	cane da caccia / segugio
tiburón	squalo
tigre (*m.*)	tigre
toro	toro

Lugares • Luoghi

comisaría (*f.*)	commissariato
cuartel (*m.*)	caserma
tribunal	tribunale

Profesiones • Professioni

abogado (*f.* -a)	avvocato
abogado fiscal (*f.* -a)	pubblico ministero
alcalde (*f.* -esa)	sindaco
arquitecto (*f.* -a)	architetto
fotógrafo (*f.* -a)	fotografo
piloto	pilota
pintor (*f.* -a)	pittore
policía	poliziotto
procurador (*f.* -a)	procuratore
soldado	soldato

Tiempo libre y hobbies • Tempo libero e hobbies

ajedrez (*m. sing.*)	(gioco degli) scacchi
baraja (*f.*)	mazzo di carte
cartas	carte da gioco
dados (*m. pl.*)	(gioco dei) dadi
damas (*f. pl.*)	(gioco della) dama
dominó	(gioco del) domino
naipes (*m.*)	carte da gioco
caza	caccia
fotografía	fotografia
cámara	macchina fotografica
cámara digital	fotocamera digitale
jardinería (*f.*)	giardinaggio
pesca	pesca
pintura	pittura

Naturaleza • Natura

acantilado (*m.*)	scogliera
arroyo	ruscello
barro	fango
cascada	cascata
charca (*f.*)	stagno
concha	conchiglia
costa	costa
estanque	stagno
golfo	golfo
guijarro	ciottolo
marea	marea
orilla	riva / sponda
pantano (*m.*)	palude
playa	spiaggia

Música • Musica

auriculares (*m. pl.*)	cuffie / auricolari
equipo estéreo	impianto stereo
melodía (*f.*)	motivo / melodia
nota	nota
reproductor de CD	lettore CD
sonido	suono
volumen	volume

INSTRUMENTOS MUSICALES • STRUMENTI MUSICALI

clarinete	clarinetto
flauta (*f.*)	flauto
guitarra	chitarra
piano	pianoforte
tambor	tamburo
teclado (*m.*)	tastiera
trompa (*f.*)	corno
trompeta	tromba
viola	viola
violín	violino

Arte • *Arte*

acuarela (*f.*)	acquerello
busto	busto
cerámica	ceramica (arte e oggetto)
cuadro	quadro
escultura	scultura
estatua	statua
fresco	affresco
mosaico	mosaico
mural	murale
óleo	(dipinto a) olio
pintura (*f.*)	dipinto / pittura
retrato	ritratto

Ordenador • *Computer*

alfombrilla (*f.*)	tappetino per il mouse
CD-ROM / cederrón	CD-ROM
cursor	cursore
computadora de mano (*f.*)	computer palmare
ordenador portátil	computer portatile
pantalla (*f.*)	monitor
quemadora (*f.*)	masterizzatore
ratón	mouse
teclado (*m.*)	tastiera

Religión • *Religione*

altar	altare
banco de iglesia	banco
confesión	confessione
confes(i)onario	confessionale
cruz (*pl.* **-ces**)	croce
Dios	Dio

Eucaristía	eucaristia
fuente bautismal	fonte battesimale
himno	inno
homilía	omelia
misa	messa
oración	preghiera
pecado	peccato
púlpito	pulpito
sermón	sermone

Fiestas y ocasiones especiales • Festività e occasioni speciali

Año nuevo	Capodanno
Día de Reyes (*m.*)	Epifania
Epifanía	Epifania
Pascua	Pasqua
Nochebuena (*f.*)	vigilia di Natale
Navidad (*f.*)	Natale
Nochevieja (*f.*)	ultimo dell'anno, notte di S. Silvestro
cumpleaños	compleanno
onomástico	onomastico
fiesta	festa
aniversario de boda	anniversario di matrimonio

DESEOS • AUGURI

¡Buena suerte!	Buona fortuna!
¡Enhorabuena!	Congratulazioni!
¡Felices Pascuas!	Buone feste! (natalizie)
¡Felicidades!	Auguri!
¡Felicitaciones!	Congratulazioni!
¡Feliz año!	Buon anno!
¡Feliz cumpleaños!	Buon compleanno!
¡Feliz Navidad!	Buon Natale!
¡Feliz Pascua!	Buona Pasqua!
¡Salud!	Salute! (nei brindisi)

Relaciones personales • Relazioni personali

prometido (*f.* -a)	fidanzato / promesso sposo
novio (*f.* -a)	novello sposo; ragazzo / fidanzato
madrina	madrina
padrino	padrino
testigo	testimone (di nozze)
esposo (*f.* -a)	sposo

cónyuge	coniuge
viudo (*f.* -a)	vedovo

Personalidad: cualidades y defectos • Personalità: pregi e difetti

arrogancia	arroganza
estupidez	stupidità
gentileza	gentilezza
grosería	scortesia / maleducazione
hipocresía	ipocrisia
humildad	umiltà
impaciencia	impazienza
insensibilidad	insensibilità
inteligencia	intelligenza
paciencia	pazienza
sensibilidad	sensibilità
sinceridad	sincerità
virtud	virtù

ADJETIVOS • AGGETTIVI

simpático	simpatico
antipático	antipatico
humilde	umile
arrogante	arrogante
listo	intelligente / sveglio
inteligente	intelligente
tonto	sciocco
estúpido	stupido
limpio	pulito
sucio	sporco
sincero	sincero
mentiroso	bugiardo
falso	falso
hipócrita	ipocrita
condescendiente	accomodante
inflexible	inflessibile / rigido
fino	raffinato / di buona qualità
ordinario	scadente
adecuado	adatto
inadecuado	inadatto

laborioso	operoso / attivo
perezoso	pigro
vago	fannullone / pigro
paciente	paziente
impaciente	impaziente
fiel	fedele
infiel	infedele
sensible	sensibile
insensible	insensibile
tolerante	tollerante
intolerante	intollerante

ADVERBIOS • AVVERBI

completamente	completamente
enteramente	interamente / completamente
totalmente	totalmente
bastante	abbastanza / parecchio
frecuentemente	frequentemente
de vez en cuando	di tanto in tanto / occasionalmente
juntos	insieme
a solas	solo / da solo

VERBOS • VERBI

acordarse	ricordarsi
apagar	spegnere
archivar	archiviare
bañarse	fare un bagno
borrar	cancellare
caer(se)	cadere
cancelar	cancellare / annullare
cazar	cacciare
celebrar	festeggiare
cepillar(se)	spazzolare / spazzolarsi
confesar	confessare
conseguir	ottenere; riuscire a
copiar	copiare
creer	credere (in)
decidir	decidere

decir	dire
desmayarse	svenire
doler	fare male / dolere
empezar	incominciare
encender	accendere
escuchar	ascoltare
esculpir	scolpire
estornudar	starnutire
festejar	festeggiare
fotografiar	fotografare
frotar	strofinare
grabar	registrare / masterizzare
hacer clic	cliccare
hacerse daño	farsi male
hincharse	gonfiarsi
imaginar	immaginare
levantarse	alzarsi
llevar	portare (lontano dal posto in cui si è)
mentir	mentire
morir	morire
olvidar	dimenticare
parecer	sembrare
pegar	incollare
peinar	pettinare
pescar	pescare
pintar	dipingere
probar	provare; assaggiare
recordar	ricordare
relatar	raccontare
retratar	ritrarre / raffigurare
rezar	pregare (*rel.*)
rogar	pregare
saber	sapere / conoscere
salvar	salvare
sangrar	sanguinare
seleccionar	selezionare
sentir	sentire; dispiacersi
silbar	fischiare
soportar	sopportare / tollerare
subir	salire
suponer	supporre
temblar	tremare
toser	tossire
traer	portare (a chi parla o nel posto di cui si parla)
tropezar	inciampare
vivir	vivere / abitare
vomitar	vomitare

PREPOSICIONES • PREPOSIZIONI

al lado de	vicino / di fianco a
alrededor de	intorno a
desde	da (luogo, tempo)
hasta	fino a
encima de	sopra a

FRASEOLOGÍA • FRASEOLOGIA

EXPRESIONES IDIOMÁTICAS CON NOMBRES DE ANIMALES • ESPRESSIONI IDIOMATICHE CON NOMI DI ANIMALI

coger el toro por los cuernos = prendere il toro per le corna
oler a tigre = puzzare
soltarle a alguien el toro = cantarla chiara; parlare fuori dai denti
ver los toros desde la barrera = tenersi in disparte, stare a guardare

EXPRESIONES IDIOMÁTICAS CON NOMBRES DE PARTES DEL CUERPO • ESPRESSIONI IDIOMATICHE CON NOMI DI PARTI DEL CORPO

hacer de tripas corazón = fare di necessità virtù

EXPRESIONES IDIOMÁTICAS CON NOMBRES DE ELEMENTOS REFERIDOS A LA MÚSICA • ESPRESSIONI IDIOMATICHE CON NOMI DI ELEMENTI LEGATI ALLA MUSICA

dar la nota = farsi notare agendo in modo inopportuno
sonar la flauta por casualidad = indovinare per caso, azzeccare
tocar el violín = non fare nulla di utile

EXPRESIONES IDIOMÁTICAS CON NOMBRES DE ELEMENTOS NATURALES • ESPRESSIONI IDIOMATICHE CON NOMI DI ELEMENTI NATURALI

contra viento y marea = contro ogni ostacolo
meterse en su concha = ritrarsi, stare nel proprio guscio
haber moros en la costa = anche i muri hanno orecchie
salir a la orilla = riuscire in un'impresa, superando difficoltà e rischi

EXPRESIONES IDIOMÁTICAS CON NOMBRES DE OBJETOS • ESPRESSIONI IDIOMATICHE CON NOMI DI OGGETTI

tirar la toalla = gettare la spugna
jugar con dos barajas = fare il doppio gioco

ESERCIZI

1. Di quale animale si tratta? Sottolinea il nome giusto.

a. Es
- un león
- una cebra
- una pantera

c. Es
- una foca
- un tigre
- un toro

e. Es
- un camello
- un caballito de mar
- un murciélago

b. Es
- un leopardo
- un canguro
- un búfalo

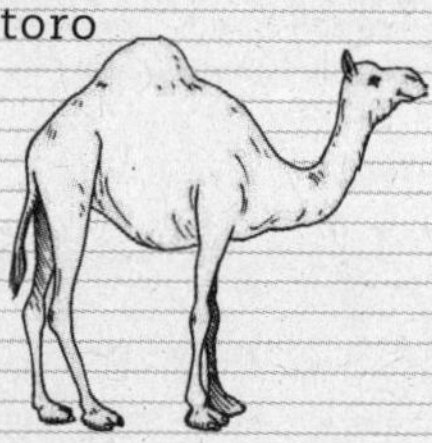

d. Es
- un babuino
- un dromedario
- un tigre

f. Es
- una pantera
- un leopardo
- un león

2. In questo fiume di lettere si nascondono i nomi di alcuni elementi naturali: scrivili negli appositi spazi.

gabacantiladobajmareaansbarroyewcascadapoacostalfpplayabank

a. ______________

b. ______________

c. ______________

d. ______________

e. ______________

f. ______________

3. Qual è la grafia corretta di questi sport?

_____ ***a.*** 1. vela 2. vella 3. bela 4. vele

_____ ***b.*** 1. artes martiales 2. artes marciales 3. artes marziales 4. arts martials

_____ ***c.*** 1. rugbi 2. ragby 3. rugby 4. regby

_____ ***d.*** 1. parapeinte 2. parapente 3. perapente 4. parrapente

4. Attenzione al plurale! Scegli la forma giusta.

a. tendones / tendons _____________

b. farols / faroles _____________

c. flautas / flautaes _____________

d. ovarios / ovarioes _____________

e. jabones / jabons _____________

f. dolors / dolores _____________

5. Riconosci questi strumenti musicali? Indica i loro nomi.

a. Es
- un tambor
- un violín
- un clarinete

b. Es
- un piano
- una guitarra
- una trompeta

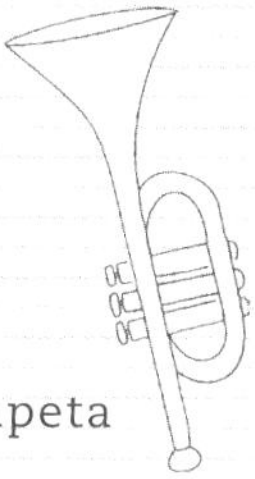

c. Es
- una trompeta
- una viola
- una flauta

d. Es
- una flauta
- un tambor
- un violín

e. Es
- un teclado
- un piano
- un tambor

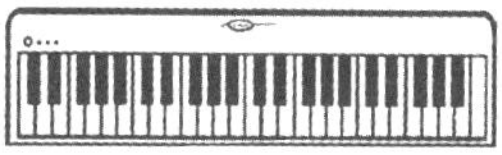

f. Es
- una guitarra
- un teclado
- una viola

6. *Tutti questi oggetti hanno a che fare con il computer. Prova a ricomporre le parole.*

a. docelta ____________ **c.** aplnatal ____________

b. nróat ____________ **d.** sorcur ____________

7. *In giro per negozi: qual è la grafia corretta di queste parole?*

_____ **a.** 1. pelletería 2. pieletería 3. peleteria 4. peletería

_____ **b.** 1. parfumeria 2. profumeria 3. perfumería 4. parfumería

_____ **c.** 1. ferretería 2. feretería 3. herretería 4. hierretería

_____ **d.** 1. joiería 2. joyerría 3. joyería 4. joyera

8. *Di che lavoro si tratta? Completa i nomi delle professioni raffigurate nelle immagini.*

a. f_otógra_a **b.** so_da_o **c.** p_lo_o **d.** p_lic_a

9. *Tra le lettere in sequenza si nascondono nomi di malattie e sintomi. Individuali e scrivili negli appositi spazi.*

bahrresfriadomalrtbdesmayobagrtcalambrenaprifiebrebqgetdescalofríonaorhtnáuseanko

a. ____________ **d.** ____________

b. ____________ **e.** ____________

c. ____________ **f.** ____________

10. Un rimedio per ogni male: trova gli abbinamenti giusti.

a. dolor	laxante
b. fiebre	somnífero
c. estreñimiento	antitérmico
d. insomnio	analgésico

11. Viaggio all'interno del corpo umano. Completa i nomi di questi organi con le lettere mancanti.

a. G_ Á N _ U _ A

b. V E S _ C _ L A B I _ I A _

c. B _ Z _

d. P R _ S T _ T A

e. P A _ C R _ A S

f. _ M Í _ D _ L A

12. Scarpe, che passione! Inserisci accanto alle immagini i nomi dei diversi tipi di scarpe.

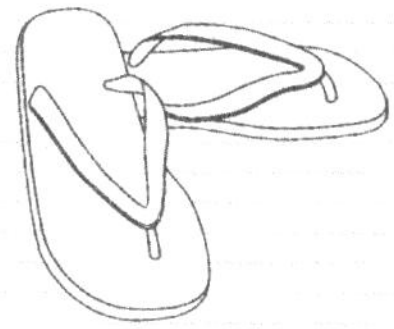

a. ____________

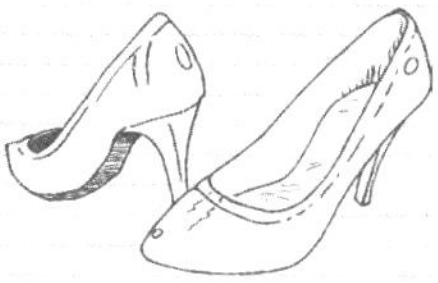

c. ____________

b. ____________

d. ____________

botas de agua • zapatos de tacón • chancletas • pantuflas

13. *Cosa c'è nel tuo bagno? Associa correttamente le parole.*

a. pasta	de afeitar
b. papel	dentífrica
c. espuma	de dientes
d. cepillo	higiénico

14. *Se vai in chiesa trovi...? Completa i nomi inserendo le vocali mancanti.*

E – I – A – A – I – O - E – O – O – E – A – U – Ú – O – U – A – O

a. B_NC_

b. _LT_R

c. CR_Z

d. P_LP_T_

e. F__NT_

f. C_NF_S_N_R__

15. *Qual è la grafia corretta di questi tipi di case?*

_____ ***a.*** 1. chalé 2. chalet 3. cialé 4. chalét

_____ ***b.*** 1. grana 2. granya 3. granga 4. granja

_____ ***c.*** 1. estudio 2. studio 3. estadio 4. estudios

_____ ***d.*** 1. vivenda 2. vivienda 3. vavienda 4. vivinda

16. *«Oggi proprio non mi sento in forma...». Ricomponi i nomi di questi malesseri.*

a. timóvo	____________	***c.*** esrodfira	____________
b. arome	____________	***d.*** ost	____________

17. Finché la barca va... Scrivi accanto a ogni immagine il nome corretto.

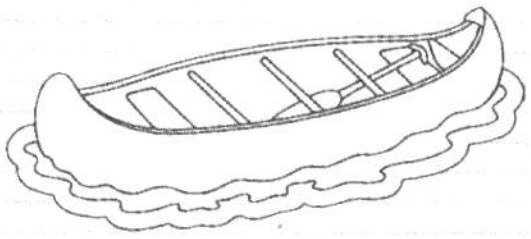

a. ______________

c. ______________

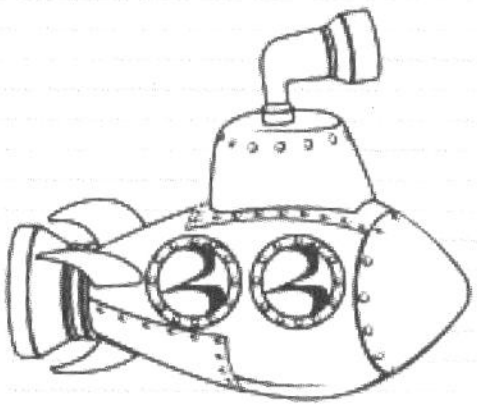

b. ______________

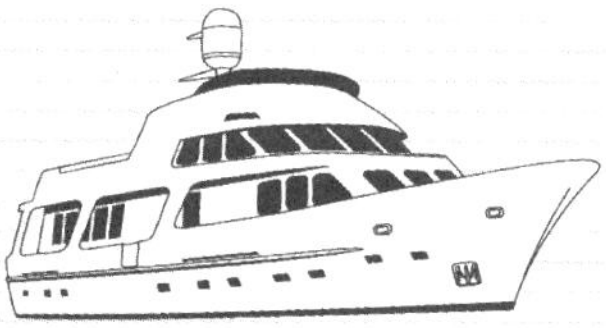

d. ______________

18. Quattro matrimoni e un funerale... Qual è l'equivalente spagnolo dei nomi indicati?

a. lo sposo ______________

b. la sposa ______________

c. il testimone ______________

d. la vedova ______________

e. il vedovo ______________

f. la madrina ______________

19. Il fascino del mondo animale. Completa la tabella inserendo ciascun animale nella colonna corrispondente.

a. Felini	***b.*** Animali marini

pantera • tiburón • leopardo • estrella de mar • tigre • ballena • león • foca

20. Esame di anatomia. Individua e scrivi i nomi degli organi interni nascosti tra le lettere.

brtavesículabiliarhrglándulamgjtupáncreasgrtapróstatagchslaringebrtbazobagt

a. ____________ **d.** ____________

b. ____________ **e.** ____________

c. ____________ **f.** ____________

21. Esame di anatomia 2. Qual è la grafia corretta di queste parti del corpo?

_____ ***a.*** 1. costila 2. costilla 3. cóstola 4. cóstula

_____ ***b.*** 1. tendón 2. tendin 3. tenden 4. tandón

_____ ***c.*** 1. amígdalla 2. amígdula 3. amígdala 4. amígdola

_____ ***d.*** 1. ovaio 2. ovaia 3. ovario 4. ovaya

22. Cosa usi per lavarti e asciugarti i capelli? Ricostruisci correttamente i nomi.

a. C A H P Ú M ____________ ***c.*** P E I L C L O ____________

b. E I N P E ____________ ***d.*** E D S O C A R ____________

23. E ora completa i nomi di questi oggetti.

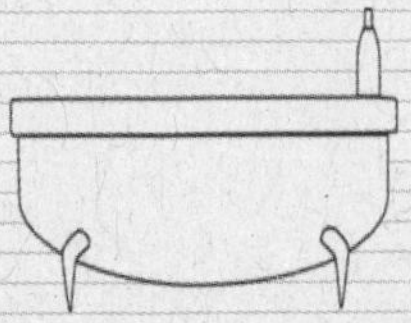

a. _a_er_

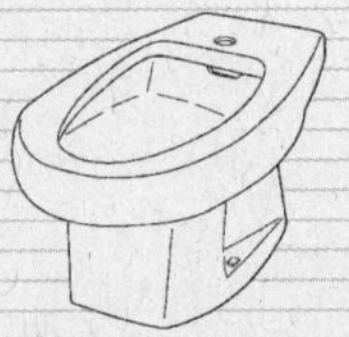

b. b_d_

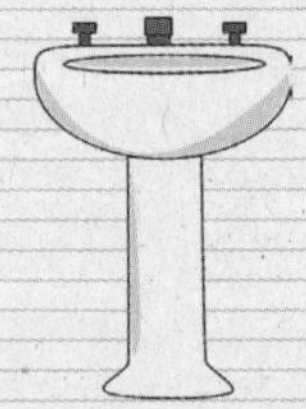

c. l_v_b_

d. w__e_

24. Gli opposti si attraggono: abbinali correttamente.

a. hipocresía	grosería
b. inteligencia	insensibilidad
c. gentileza	sinceridad
d. sensibilidad	estupidez

25. Ma se gli opposti si attraggono i simili convivono: ricongiungi le coppie di sostantivi e aggettivi.

a. humildad	hipócrita
b. estupidez	inteligente
c. inteligencia	humilde
d. hipocresía	estúpido

26. La salute prima di tutto... Completa questi verbi che esprimono un malessere.

a. d_l_r	____________	***d.*** des_a_a_se	____________
b. t__er	____________	***e.*** vo__tar	____________
c. e_to_n_dar	____________	***f.*** sa_g_ar	____________

27. Trova l'intruso e mettilo da parte.

a. costilla, tendón, escalofrío, glándula ____________

b. congestión, bazo, desmayo, calambre ____________

c. albóndiga, morcilla, sueco, paloma ____________

d. calzada, calzado, cruce, atasco ____________

e. playa, arroyo, marea, cruz ____________

f. nota, volumen, barro, melodía ____________

28. Tutti insieme appassionatamente. A quali categorie appartengono questi gruppi di vocaboli?

a. cuartel, tribunal, comisaría ______________

b. alcalde, procurador, policía ______________

c. fresco, cerámica, retrato ______________

d. sermón, pecado, hymno ______________

e. antifebril, laxante, analgésico ______________

f. asado, morcilla, puchero ______________

29. Qual è il contrario di...

a. *... listo?*
- humilde
- tonto
- fino

b. *... inflexible?*
- impaciente
- condescendiente
- arrogante

c. *... simpático?*
- sucio
- adecuado
- antipático

d. *... limpio?*
- sucio
- sincero
- tolerante

e. *... sensible?*
- limpio
- falso
- insensible

f. *... trabajador?*
- intolerante
- perezoso
- fiel

30. Quali sono i nomi di questi animali marini?

a.
- un tiburón
- una morsa
- una foca

b.
- un pulpo
- una estrella de mar
- un pez espada

c.
- una ballena
- un caballito de mar
- un tiburón

d.
- una morsa
- una medusa
- un pulpo

31. *E ora un po' di shopping. Traduci in italiano i nomi di questi negozi.*

a. ferretería _____________

b. peletería _____________

c. perfumería _____________

d. joyería _____________

32. *Abbina ai verbi i sostantivi appropriati.*

a. rezar	melodía
b. celebrar	retrato
c. escuchar	pantalla
d. pintar	escalofrío
e. encender	cumpleaños
f. temblar	oración

33. *Un po' di svago: sai di quali giochi si tratta? Indica il loro nome.*

a.

- los naipes
- las damas
- el dominó

b.

- el dominó
- los dados
- el ajedrez

c.

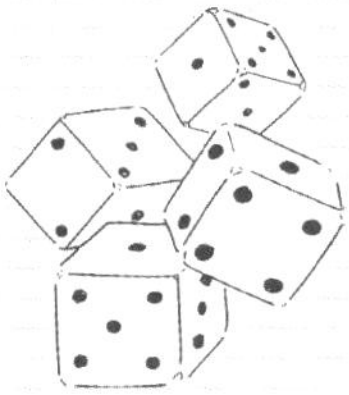

- la cartas
- los dados
- el ajedrez

d.

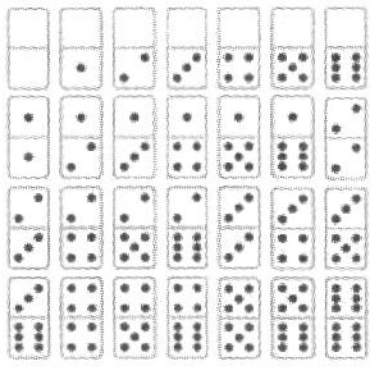

- el ajedrez
- el dominó
- los dados

34. *E ora traduci i nomi di questi hobbies.*

a. LA PESCA _____________

b. IL GIARDINAGGIO _____________

c. LA CACCIA _____________

d. LA PITTURA _____________

35. Ancora svaghi: di quali sport si tratta?

a. EL TIRO AL BLANCO ____________

b. EL PARAPENTE ____________

c. EL ESQUÍ NÁUTICO ____________

d. EL REMO ____________

36. Associa correttamente professione e luogo.

a. piloto — cuartel

b. soldado — comisaría

c. policía — tribunal

d. abogado — avioneta

37. Trova, in orizzontale e in verticale, i termini che indicano tipi di carne.

S	A	L	B	Ó	N	D	I	G	A	S	R	S	A	S
S	R	A	R	O	A	S	T	K	S	H	T	R	E	C
D	G	C	P	L	E	N	G	U	A	G	S	E	R	R
F	N	Ó	H	G	Q	Y	R	Y	D	A	F	T	G	I
B	J	N	R	U	R	P	A	L	O	M	A	A	D	Ñ
T	R	I	P	E	S	R	G	O	I	E	R	T	Y	Ó
E	I	N	M	J	I	O	P	D	N	S	D	R	A	N

1. ____________ 3. ____________ 5. ____________

2. ____________ 4. ____________ 6. ____________

38. Qual è il verbo spagnolo corrispondente? Completa le parole.

a. immaginare — i_agin__

b. supporre — su_o__r

c. ricordare — re_or_a_

d. provare — _ro__r

e. decidere — d_c_d_r

f. fare un bagno — _a_ar_e

39. Ancora verbi ma un po' più tecnici. Sai tradurli in italiano?

a. BORRAR ____________________

b. PEGAR ____________________

c. APAGAR ____________________

d. ENCENDER ____________________

40. Le scelte sono sempre difficili... Quali termini abbinare?

a. tos	playa
b. atasco	sabueso
c. concha	cursor
d. caza	jarabe
e. pantalla	altar
f. misa	tráfico

41. Basta una parola. Indica quella giusta.

a. un animale
- el puchero
- la cebra
- el alcalde

b. un malessere
- el desmayo
- el laxante
- el chalé

c. una professione
- el escultor
- el naipe
- el sueco

d. un elemento naturale
- la flauta
- el estanque
- el viudo

e. una parte del corpo
- la toalla
- el fémur
- la homilía

f. un mezzo di trasporto
- el yate
- el mareo
- el cuartel

42. Cerca l'intruso e separalo dal gruppo.

a. cámara, chancleta, sueco, calzado ____________

b. tiburón, concha, morsa, murciélago ____________

c. acuarela, mural, volumen, fresco ______________

d. novia, esposa, piloto, viuda ______________

e. oración, cruz, púlpito, riñón ______________

f. glándula, chicharrones, amígdala, tripas ______________

43. Esame di scuola guida. Come si dice in spagnolo...?

a. IL CAVALCAVIA ____________________

b. LA ROTATORIA ____________________

c. LA CORSIA ____________________

d. IL MARCIAPIEDE ____________________

44. Cosa tieni nell'armadietto del bagno? Completa i nomi e associali alle immagini.

P _ I _ _ • P A _ T _ D E _ T _ F _ _ C A • _ E P _ _ L O • _ E C _ D _ R

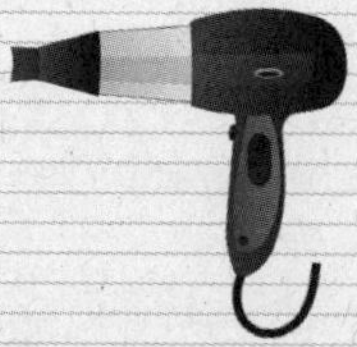

a. ______________ *b.* ______________ *c.* ______________ *d.* ______________

45. Ancora in bagno. Qual è la grafia corretta di queste parole?

_____ *a.* 1. albormoz 2. albornoz 3. albornos 4. albornós

_____ *b.* 1. toalia 2. toala 3. toalla 4. toaglia

_____ *c.* 1. descara 2. descarga 3. decarga 4. discarga

_____ *d.* 1. banera 2. bagnera 3. baniera 4. bañera

46. Ricomponi correttamente i nomi degli oggetti che usi per ascoltare la musica o lavorare al computer.

a. ordenador	de CD
b. equipo	portátil
c. reproductor	de mano
d. computadora	estéreo

47. Indica a quali categorie appartengono questi termini.

a. chalé, granja, bungalow ____________

b. paloma, lacón, asado ____________

c. indigestión, fiebre, congestión ____________

d. bailarina, bota de agua, alpargatas ____________

e. óleo, acuarela, retrato ____________

f. novio, prometido, padrino ____________

48. Le meraviglie della natura. Scegli le parole che indicano gli elementi naturali raffigurati nelle immagini.

a.
- acantilado
- pantano
- marea

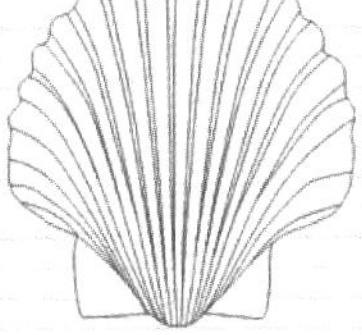

b.
- arroyo
- concha
- guijarro

c.
- playa
- cascada
- barro

d.
- estanque
- golfo
- costa

49. Ora abbina al nome italiano la traduzione spagnola.

a. fango	barro
b. spiaggia	guijarro
c. scogliera	pantano
d. ciottolo	arroyo
e. ruscello	acantilado
f. palude	playa

50. E se suonassi tu uno strumento? Prova a ricostruire i nomi di questi strumenti musicali.

a. OALVI	_____________	**c.** MRTAOB	_____________
b. TUALFA	_____________	**d.** NOAPI	_____________

51. Parole affiatate: individua i giusti abbinamenti.

a. la ducha	la glorieta
b. la laringe	el fotógrafo
c. el cruce	el óleo
d. la cámara	el sermón
e. el mural	la bañera
f. el púlpito	la faringe

52. Viaggio all'interno del corpo umano. Individua e inserisci correttamente nelle due colonne i nomi delle ossa e degli organi interni.

a. Ossa	***b.*** Organi interni

espina dorsal • vesícula biliar • clavícula • páncreas • costilla • próstata • fémur • bazo

53. *Che dolore! Indica il malessere corrispondente a ogni immagine.*

a.

- dolor
- tos
- gripe

b.

- calambre
- fiebre
- congestión

c.

- tos
- espasmo
- resfriado

d.

- náusea
- dolor de cabeza
- resfriado

54. *Qual è il nome spagnolo di questi strumenti musicali?*

a. LA VIOLA ____________

b. IL CLARINETTO ____________

c. IL TAMBURO ____________

d. IL CORNO ____________

55. *Il secondo è servito. Cerca e scrivi i nomi dei piatti di carne.*

garmorcillabanasadogarsgalbóndigasbspinchomorunonrypucheroebteriñónbag

a. ____________

b. ____________

c. ____________

d. ____________

e. ____________

f. ____________

56. *Valuta i plurali di questi sostantivi: se sono corretti metti un segno di spunta (✓), altrimenti correggili tu.*

a. albornoz	albornozes	______________
b. policía	policías	______________
c. cuartel	cuartels	______________
d. piano	pianos	______________
e. cruz	cruces	______________
f. cumpleaños	cumpleaños	______________

57. Computer: che passione! Completa i nomi degli oggetti e abbinali correttamente alle immagini.

ORD _ N _ _ OR   PO _ T _ T _ L • R _ _ ÓN • P _ NT _ _ LA • TE _ L _ _ O

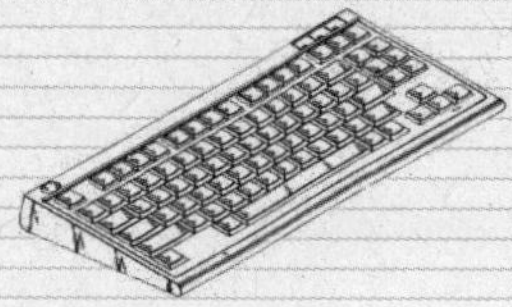

a. ______________ **b.** ______________ **c.** ______________ **d.** ______________

58. Ecco alcune operazioni che si effettuano lavorando al computer: conosci il significato di questi verbi?

a. HACER CLIC ______________

b. ARCHIVAR ______________

c. PEGAR ______________

d. SALVAR ______________

e. CANCELAR ______________

f. SELECCIONAR ______________

59. Per le strade di Madrid... Traduci i nomi e inseriscili nel cruciverba.

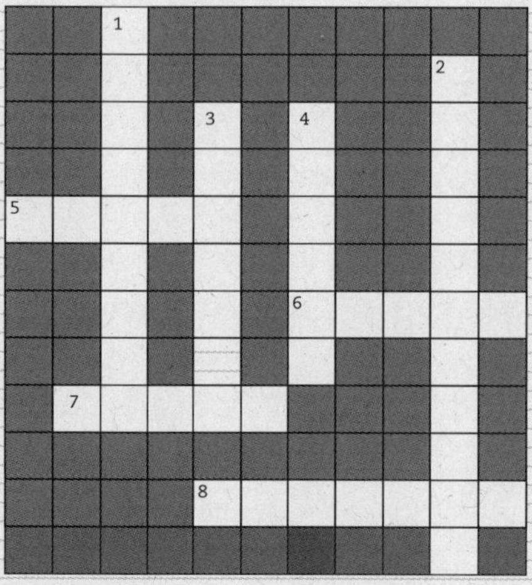

ORIZZONTALI

5. marciapiede
6. via
7. lampione
8. carreggiata

VERTICALI

1. strada
2. cavalcavia
3. traffico
4. ingorgo

60. Quale sport ti piacerebbe fare? Ecco un piccolo aiuto per completare correttamente le parole.

a. ARTI MARZIALI	A_____ M_R__A_E_
b. CANOTTAGGIO	R___
c. VELA	_E__
d. PARAPENDIO	P_________E
e. SCI NAUTICO	E_____ N__T___
f. TIRO A SEGNO	T______ B___C _

61. Quali ricorrenze e festività corrispondono a queste immagini?

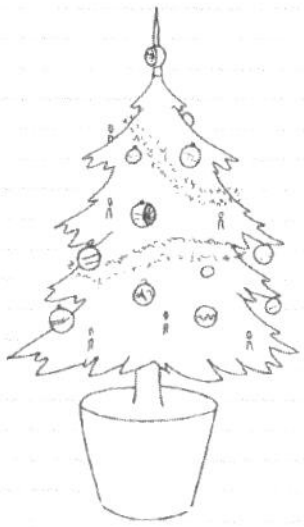

a. ______________ **b.** ______________ **c.** ______________ **d.** ______________

62. Di qualità virtù... Ricordi come si dice in spagnolo...

a. ... gentilezza? ______________ **c.** ... sensibilità? ______________

b. ... pazienza? ______________ **d.** ... sincerità? ______________

63. Ma certe qualità sono rare... Traduci in spagnolo i nomi di questi difetti.

a. IMPAZIENZA ______________ **c.** MALEDUCAZIONE ______________

b. ARROGANZA ______________ **d.** IPOCRISIA ______________

64. E sempre a proposito di personalità... Ricomponi il contrario degli aggettivi elencati.

a. simpático tainpáctoi ______________

b. trabajador zoepreos ______________

c. sensible sneislbeni ______________

d. sincero mtieornos ______________

65. Giochiamo a nascondino. Trova, in orizzontale e in verticale, i termini che indicano un malessere.

E	T	Y	A	F	R	D	H	J	K	U	S	N	G
S	G	C	O	N	G	E	S	T	I	Ó	N	A	Y
P	G	O	T	Y	U	S	H	A	S	D	Á	S	T
A	B	L	T	V	Ó	M	I	T	O	F	U	Y	R
S	T	D	G	T	R	A	V	Q	G	R	S	D	E
M	G	Y	N	O	U	Y	E	A	A	G	E	F	D
O	S	P	G	P	T	O	S	O	O	Y	A	G	C

1. ______________ 3. ______________ 5. ______________

2. ______________ 4. ______________ 6. ______________

66. Per ogni ricorrenza un augurio speciale. Abbinali correttamente.

a. Cumpleaños ¡Feliz Navidad!

b. Navidad ¡Enhorabuena! / ¡Felicitaciones!

c. Aniversario de boda ¡Feliz año!

d. Nochevieja ¡Felicidades!

67. Come si chiamano questi animali?

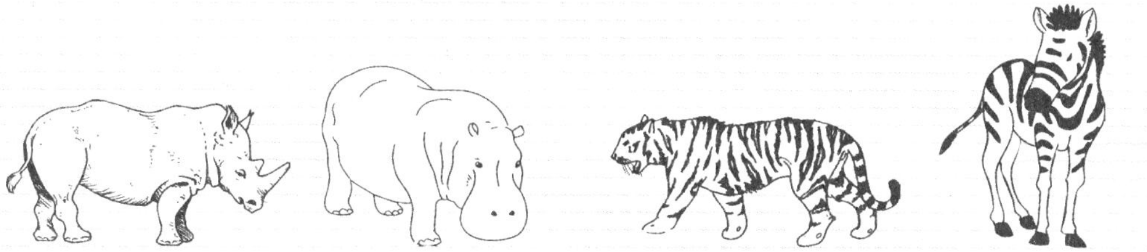

a. ____________ b. ____________ c. ____________ d. ____________

68. Se vai allo zoo trovi anche ...? Scrivi il nome di questi animali.

a. LEOPARDO _ _ _ _ _ _ _

b. BUFALO _ _ _ _ _ _ _

c. BABBUINO _ _ _ _ _ _

d. PANDA _ _ _ _ _

69. E se vai all'acquario puoi ammirare...? Traduci in italiano i nomi di questi animali marini.

a. LA MORSA ____________

b. EL TIBURÓN ____________

c. EL PULPO ____________

d. EL CABALLITO DE MAR ____________

70. A proposito di acqua ... Individua e scrivi i nomi degli elementi naturali che hanno a che fare con il mare.

nahtorillashtdcostatgshyplayahatsrmareabagtgolfosjdhacantiladort

a. ____________

b. ____________

c. ____________

d. ____________

e. ____________

f. ____________

71. Completa la tabella con le forme corrispondenti.

	NOME	VERBO
a.	pintura	
b.		retratar
c.	escultura	
d.		fotografiar

72. Sai ricostruire i nomi degli arredi da bagno qui elencati?

a. aebñar ______________ ***c.*** aewrt ______________

b. édbi ______________ ***d.*** hcaud ______________

73. Scrivi il plurale di questi sostantivi.

a. cursor ______________ ***d.*** ovario ______________

b. riñón ______________ ***e.*** planeador ______________

c. jarabe ______________ ***f.*** Dios ______________

74. Traduci i nomi di questi oggetti che si trovano in bagno.

a. asciugamano

____

b. rasoio

____

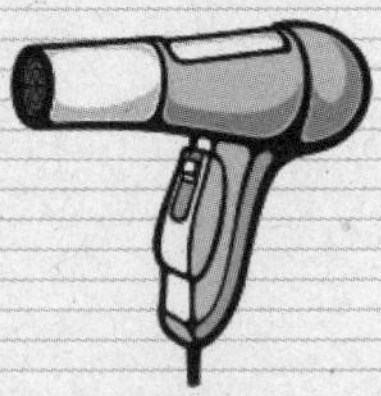

c. asciugacapelli

____

d. pennello da barba

____

75. Matrimoni e funerali. Di quali persone si tratta?

a. PROMETIDA ______________ ***d.*** ESPOSA ______________

b. PADRINO ______________ ***e.*** VIUDO ______________

c. TESTIGO ______________ ***f.*** VIUDA ______________

76. Un po' di grammatica. Completa le frasi inserendo le preposizioni corrette.

a. El bidé está __________ la ducha y el lavabo.

b. La mercería está __________ la peletería.

d. __________ estanque hay muchas plantas.

e. El ratón está __________ la alfombrilla.

al lado de • encima de • entre • alrededor del

77. Quale parola non c'entra con le altre?

a. Eucaristía, misa, oración, pantalla ____________

b. clarinete, flauta, mural, teclado ____________

c. bailarina, alpargatas, costilla, sueco ____________

d. champú, peine, granja, secador ____________

78. Tempo libero e hobbies. Come si dice in spagnolo...

a. ... la pesca?
- la pintura
- la pesca
- la caza

b. ... la caccia?
- la pesca
- la jardinería
- la caza

c. ... il giardinaggio?
- la jardinería
- la pintura
- el retrato

d. ... la pittura?
- el retrato
- la pintura
- la acuarela

e. ... la fotografia?
- la fotografía
- la caza
- la cámara digital

f. ... la fotocamera digitale?
- la fotografía
- la cámara digital
- la cámara

79. Concediamoci ancora un po' di svago. Scrivi i nomi spagnoli di questi giochi di società.

a. GLI SCACCHI ____________

b. I DADI ____________

c. IL DOMINO ____________

d. LA DAMA ____________

80. *Ora torniamo al lavoro. Sai ricostruire i nomi di queste professioni?*

a. tolpio ____________ **c.** orucprardo ____________

b. aoddols ____________ **d.** rtniop ____________

81. *A quali categorie appartengono questi gruppi di sostantivi?*

a. busto, cerámica, escultura ____________________

b. desmayo, indigestión, resfriado ____________________

c. chancleta, pantufla, bota de agua ____________________

d. dirigible, avioneta, yate ____________________

e. pantano, arroyo, barro ____________________

f. novio, prometido, esposo ____________________

82. *Abbina correttamente a ogni verbo il suo contrario.*

a. apagar morir

b. salvar recordar

c. vivir encender

d. olvidar cancelar

83. *La parola misteriosa. Traduci in spagnolo le parole elencate: le lettere in corrispondenza della linea evidenziata formeranno il nome di una parte del corpo.*

a. asciugamano _ _ _ ▬ _ _

b. caccia _ ▬ _ _

c. bronchite _ ▬ _ _ _ _ _ _ _ _

d. babbuino _ _ _ _ ▬ _ _

e. conchiglia _ _ ▬ _ _ _

f. avvocato _ _ _ ▬ _ _ _

g. marciapiede _ _ ▬ _ _

84. Tra i due litiganti il terzo gode. Qual è ...

a. ... la carne?
- la tos
- el piloto
- las albóndigas

b. ... la professione?
- el puchero
- el alcalde
- el farol

c. ... la scarpa?
- la paloma
- la chancleta
- el chalé

d. ... l'animale?
- el calambre
- el sabueso
- el busto

e. ... il negozio?
- la glorieta
- la ferretería
- el planeador

f. ... l'elemento naturale?
- el arroyo
- el cursor
- el remo

85. Indica i sinonimi (s) e i contrari (c).

	S	C
a. limpio - sucio	☐	☐
b. tonto - estúpido	☐	☐
c. humilde - arrogante	☐	☐
d. condescendiente - inflexible	☐	☐
e. falso - hipócrita	☐	☐
f. vago - perezoso	☐	☐

86. Scegli il termine appropriato per completare le frasi.

a. Mi novio es ____________

b. En el cuarto de baño hay una ____________

c. El abogado tiene ____________.

d. Por favor, encended vuestro ____________

e. La gente ____________ durante la misa.

f. Los soldados viven en el ____________

ordenador • sensible • dolor de cabeza • cuartel • reza • bañera

87. L'indovinello. Quali parole corrispondono a queste definizioni?

a. Si estornudas lo tienes. _ _ _ _ _ _ _ _ _ _

b. Lo usas para lavarte. _ _ _ _ _

c. Se celebra el 31 de diciembre. _ _ _ _ _ _ _ _ _ _ _

d. Lo usas contra la tos _ _ _ _ _ _

88. Completa la tabella con le forme corrispondenti.

	NOME	AGGETTIVO
a.	arrogancia	
b.		humilde
c.	paciencia	
d.		sincero

89. Quali sport sono raffigurati in queste immagini? Scrivi il loro nome.

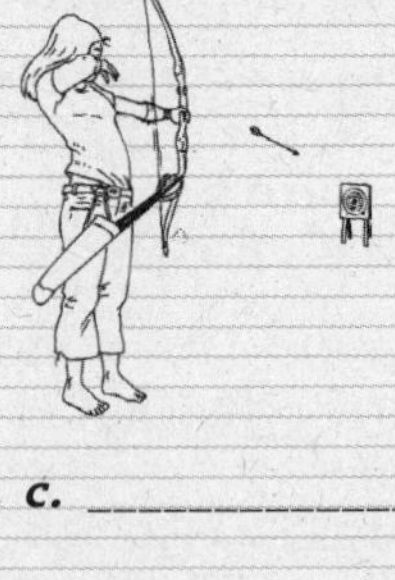

a. ____________ **b.** ____________ **c.** ____________ **d.** ____________

90. Grande apertura di nuovi negozi in centro! Ricordi i loro nomi in spagnolo?

a. PELLETTERIA ____________.

b. GIOIELLERIA ____________.

c. MERCERIA ____________.

d. FERRAMENTA ____________.

91. Il gioco del detective. Scopri, in base agli indizi, a quali persone piacciono questi passatempi.

	PESCA	GIARDINAGGIO	PITTURA	FOTOGRAFIA
a. Enrique				
b. Carmen				
c. Pablo				

A Enrique le gustan la pesca y la jardinería. No le gustan la pintura y la fotografía.

A Carmen no le gustan la jardinería y la pintura. Le gusta la fotografía.

A Pablo le gusta la pintura. No le gustan la jardinería y la fotografía.

92. Quando la salute se ne va... Completa il cruciverba inserendo la traduzione spagnola dei verbi elencati.

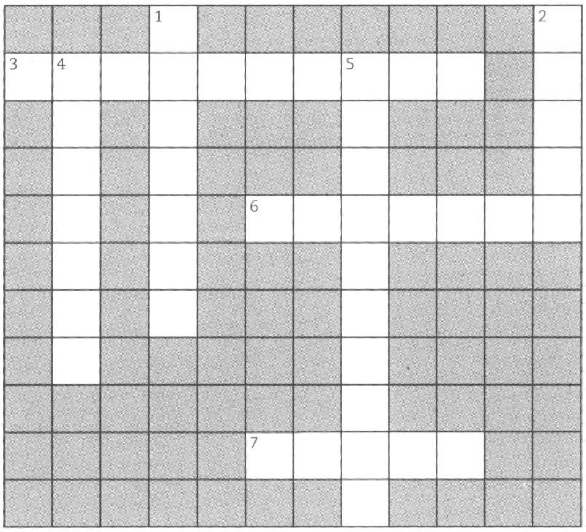

ORIZZONTALI

3. starnutire
6. tremare
7. tossire

VERTICALI

1. vomitare
2. far male
4. sanguinare
5. svenire

93. A quali categorie appartengono questi gruppi di parole?

a. pecado, fuente bautismal, oración ____________

b. descarga, lavabo, máquina de afeitar ____________

c. escalofrío, fiebre, gripe ____________

d. foca, tiburón, morsa ____________

e. abogado, procurador, alcalde ____________

f. pantano, acantilado, playa ____________

94. Riconosci questi avverbi? Prova a ricomporli.

a. ceunfermettene ____________ c. [illegible] ____________

b. ttlomatene ____________ d. asabtent ____________

95. Individua e sottolinea la forma corretta.

a. Su esposo es muy condiscendiente / condescendiente.

b. Su novia celebra el cumpleaños / cumpleaño.

c. Es un architecto / arquitecto famoso.

d. Alejandro escuchia / escucha una melodía.

e. David frecuentemente pinta murals / murales.

f. Maribel de vez en cuando se desmaya / desmaja.

96. Ora scegli il verbo appropriato.

a. Antonio no es sincero: él ____________.

b. Isabel tiene resfriado: ella ____________ frecuentemente.

c. Ana ____________ en una casa adosada.

d. Mi hermano de vez en cuando ____________ los auriculares.

e. Susana y Carlos ____________ el aniversario de boda.

olvida • estornuda • celebran • miente • vive

97. Quali verbi corrispondono a queste azioni? Scrivili negli appositi spazi.

a. ____________ b. ____________ c. ____________ d. ____________

98. Quali sono gli abbinamenti corretti?

a. la descarga	la acera
b. el estudio	la cámara
c. la gripe	la pantalla
d. la calle	el water
e. el fotógrafo	la casa unifamiliar
f. el teclado	la fiebre

99. Completa le frasi inserendo i verbi nella forma corretta.

a. Jorge ____________ en Dios.

b. Vosotros no ____________ la hipocresía.

c. Ella ____________ su onomástico.

d. Julia ____________ su pelo frecuentemente.

e. Marcos ____________ el equipo estéreo.

f. El soldado ____________ a su esposa.

soportar • cepillar • celebrar • apagar • creer • recordar

100. Se non è in un modo è nell'altro. Completa le frasi con l'aggettivo corretto.

a. El cuarto de baño no está limpio, está ____________

b. Roberto no es tolerante, él es ____________

c. Mercedes no es mentirosa, es ____________

d. Mi novio no es paciente, él es ____________

e. Tu prometido no es sensible, él es ____________

f. Alfonso no es vago, él es ____________

101. Vero o falso?

	V	F
a. El lacón es un tipo de carne.	☐	☐
b. Las tripas están al interior del cuerpo.	☐	☐
c. El tiro al blanco es un medicamento.	☐	☐
d. El alcalde trabaja en el cuartel.	☐	☐
e. La Epifanía es una fiesta.	☐	☐
f. El ajedrez es un animal.	☐	☐

102. Completa la filastrocca «El farolero» traducendo in spagnolo le parole tra parentesi.

La farolera tropezó

a. *y en _______ se cayó.* (la via)

b. *Y al pasar por _________,* (una caserma)

se enamoró del coronel.

Soy el farolero (lampionaio)

de la Puerta del Sol,

subo la escalera

c. *y* _________ (accendo) ***d.*** ____________ (il lampione)

103. Cinema, che passione! Completa i titoli di questi film traducendo il termine mancante.

a. *Il Re Leone*	*El Rey*_____________
b. *La Pantera Rosa*	*La* _____________ *rosa*
c. *Moby Dick la balena bianca*	*Moby Dick, la* _____________ *blanca*
d. *La Sposa Cadavere*	*La* _____________ *cadáver*
e. *Un Fidanzato per Natale*	*Un* _____________ *por Navidad*
f. *La Vedova Nera*	_____________ *negra*

104. Non tutte le ciambelle riescono col buco. Sottolinea l'errore contenuto in ogni frase e indica la parola corretta.

a. El tribunal está al lado de la commisaría. ____________

b. Es una carretera con dos calzados. ____________

c. La Nochevieja se celebra la noche del 24 de diciembre. ____________

d. Las amígdalas se hinchan frequentemente. ____________

105. Quali frasi augurali si usano per queste ricorrenze? In spagnolo ovviamente!

a. Natale ________________________

b. Pasqua ________________________

c. Compleanno ________________________

d. Anniversario ________________________

106. Risolvi gli indovinelli e scrivi in spagnolo di quali malesseri si tratta.

a. Viene definito «il male di stagione» e provoca raffreddore, tosse e mal di gola. ____________

b. Ce l'ha chi non riesce a dormire. ____________

c. La fai quando mangi troppo. ____________

d. Li senti in tutto il corpo quando hai freddo o quando hai paura. ____________

e. Ce l'ha spesso una donna in gravidanza, soprattutto la mattina. ____________

107. *Completa i titoli di questi film con il termine mancante corrispondente all'animale raffigurato.*

a. _____________ ASESINOS

c. _____________ KUNG FU

b. EL _____________ Y EL DRAGÓN

d. EL ZORRO Y EL _____________

108. *Traduci in spagnolo gli avverbi elencati.*

a. frequentemente _____________

b. occasionalmente / di tanto in tanto _____________

c. totalmente _____________

d. abbastanza / parecchio _____________

109. *Visita medica. Completa la tabella inserendo accanto ai nomi dei malesseri e dei sintomi quello dei medicinali usati per curarli.*

ENFERMEDADES	MEDICAMENTOS
a. DOLOR DE CABEZA	
b. INSOMNIO	
c. ESTREÑIMIENTO	
d. TOS	
e. FIEBRE	
f. BRONQUITIS	

110. Un menu a base di carne. Crea i giusti abbinamenti e traduci l'espressione completa.

a. lomo	picada	*a.* ____________
b. carne	de carne	*b.* ____________
c. rollito	moruno	*c.* ____________
d. pincho	de cerdo	*d.* ____________

111. Casa dolce casa. Ti ricordi come si dice in spagnolo...?

a. VILLETTA A SCHIERA ________________________

b. CASA UNIFAMILIARE ________________________

c. MONOLOCALE ________________________

d. FATTORIA ________________________

e. ABITAZIONE ________________________

f. CHALET ________________________

112. Sai ricostruire queste espressioni idiomatiche?

a. tirar	de tripas corazón
b. jugar	a la orilla
c. hacer	la toalla
d. salir	con dos barajas

113. E a proposito di frasi fatte... completa quelle che seguono aiutandoti con le immagini.

a.  Oler ________________

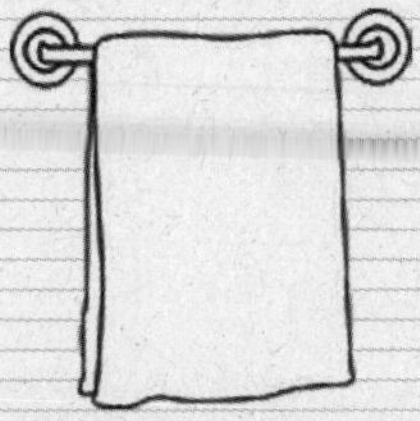

b. Tirar la ____________

c. Coger __________ por _________________

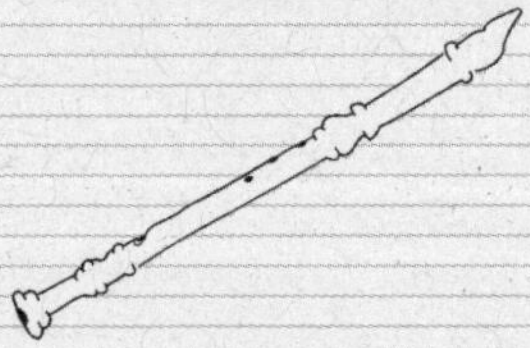

d. Sonar ________________ por ____________________

114. *Regole di ortografia. Scegli la forma giusta.*

_____ ***a.*** 1. desmaio 2. desmayo 3. desmajo 4. desmallo

_____ ***b.*** 1. atiasco 2. attasco 3. hatasco 4. atasco

_____ ***c.*** 1. murcielago 2. murchelago 3. murcelago 4. murciélago

_____ ***d.*** 1. naipes 2. noipes 3. naypes 4. naípes

_____ ***e.*** 1. hippopotamo 2. hipopótamo 3. ipopotamo 4. hipopotamo

_____ ***f.*** 1. estreñimiento 2. estregnimiento 3. extreñimiento 4. estrenimento

115. *A proposito di errori... sottolinea quello contenuto in ogni frase e scrivi la forma corretta.*

a. Es un hombre bastante intelijente. ____________

b. La arroganza no es una virtud. ____________

c. Ese pintor pinta animals. ____________

d. La avioneta va asta Madrid. ____________

116. Quale nome appartiene alla categoria indicata?

a. *Deportes*
- el viudo
- el parapente
- el barro

b. *Naturaleza*
- el mural
- el arroyo
- el clarinete

c. *Animales marinos*
- el estanque
- la morsa
- el púlpito

d. *Religión*
- la cámara
- el banco de iglesia
- el óleo

e. *Tiempo libre y hobbies*
- los dados
- la nota
- el cuartel

f. *Enfermedades y síntomas*
- el himno
- el novio
- el escalofrío

117. Maschi contro femmine. Completa lo schema scrivendo nella giusta colonna i nomi che si riferiscono a uomini o a donne.

a. UOMINI	***b.*** DONNE

NOVIA • ESPOSO • PROMETIDO • VIUDA • MADRINA • PADRINO • CÓNYUGE

118. Ricordi i nomi spagnoli dei mezzi di trasporto raffigurati nelle immagini?

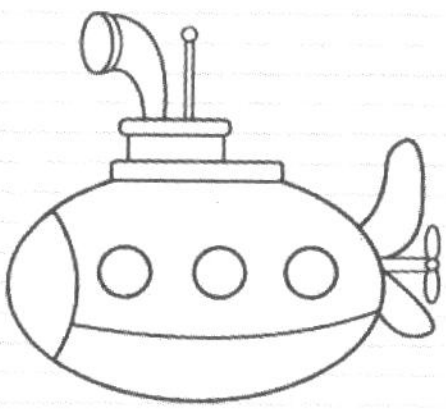

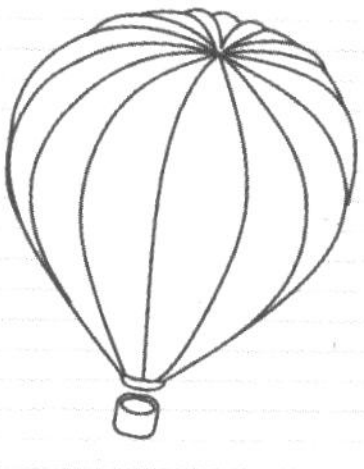

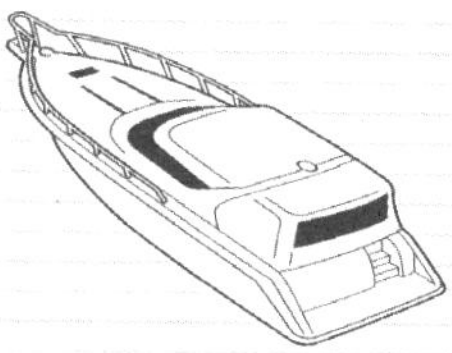

a. ______________ ***b.*** ______________ ***c.*** ______________ ***d.*** ______________

119 Scrivi il nome spagnolo dei tipi di scarpe che corrispondono a queste definizioni.

a. Le indossi quando stai in casa. ____________

b. Si portano soprattutto d'estate in spiaggia. ____________

c. Sono indispensabili quando piove a catinelle. ____________

d. Non possono mancare se vai a correre. ____________

120. Ancora un paio di indovinelli. Indovina e scrivi i nomi di questi animali.

a. Ha una grande gobba sul dorso e il suo manto è color beige. ____________

b. Ha due grandi gobbe sul dorso e può raggiungere i 2-3 metri di altezza. ____________

c. Ha una lunga coda, salta e porta il proprio piccolo nel marsupio. ____________

d. Il suo mantello è a strisce bianche e nere. ____________

121. Crea i giusti abbinamenti.

a. Apago	en la bañera
b. Me cepillo	un retrato
c. Silbo	el ordenador portátil
d. Pinto	los dientes
e. Me baño	la Navidad
f. Celebro	una melodía

122. Cosa manca per completare le frasi?

a. La cruz está encima del ____________

b. He olvidado los ____________ de mi reproductor de CD.

c. El ____________ está en el cuarto de baño.

d. Su novio vive en una ____________

e. Tiembla porque tiene ____________

altar • auriculares • granja • fiebre • albornoz

123. Qual è la grafia corretta di queste parole?

_____ *a.* 1. teklado 2. teclado 3. ticlado 4. terclado

_____ *b.* 1. jardinería 2. giardinería 3. jardenería 4. jardinera

_____ *c.* 1. camelo 2. camello 3. cammelo 4. cammello

_____ *d.* 1. concha 2. conca 3. conchia 4. concia

_____ *e.* 1. architecto 2. arkitecto 3. arquitecto 4. arquiteto

_____ *f.* 1. procurator 2. procuratore 3. procurrador 4. procurador

124. Esame di scuola guida 2. Scrivi il nome spagnolo di ciò che vedi raffigurato nelle immagini.

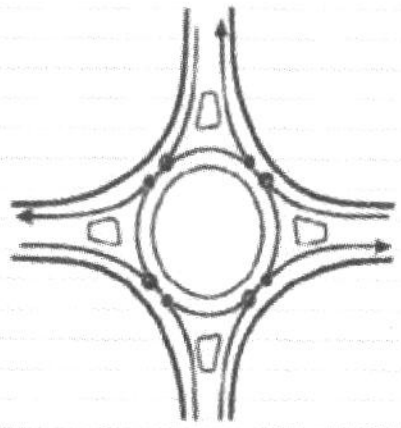

a. _____________ **b.** _____________ **c.** _____________ **d.** _____________

125. Ricordi le espressioni idiomatiche con nomi di tema musicale? Inserisci le parole mancanti.

a. Sonar ___________ por casualidad

b. Dar la ____________

c. Tocar el ____________

126. Vero o falso? Barra la casella giusta.

	V	F
a. Es posible apagar una escultura.	☐	☐
b. Se puede pintar un fresco.	☐	☐
c. El asado se puede archivar.	☐	☐
d. Los tiburones viven en un estanque.	☐	☐
e. Se puede hacer clic con el ratón.	☐	☐
f. El cepillo se utiliza para peinarse el pelo.	☐	☐

127. Riconosci i sintomi? Scrivi, in spagnolo, di quale malessere si tratta.

a. La fai quando mangi troppo. ____________

b. Lo può causare la pressione bassa. ____________

c. Ti vengono se hai la febbre alta. ____________

d. Ne soffri se non riesci a dormire. ____________

128. E ora una filastrocca dedicata al Natale. Completala traducendo in spagnolo le parole tra parentesi.

a. ____________, ____________ (Natale)

b. *Hoy es* ____________ (Natale).

Con campanas este día

c. *Hay que* ____________ (festeggiare)

d. ____________, ____________ (Natale)

Porque ya nació

e. *ayer noche,* ____________ (vigilia di Natale),

f. *El niñito* ____________ (Dio).

129. Sai ricomporre queste espressioni idiomatiche?

a. Meterse	la nota.
b. Haber	en su concha.
c. Ver	los toros desde la barrera.
d. Dar	moros en la costa.

130. In queste espressioni le parole di riferimento hanno a che fare con gli animali. Sai tradurle?

a. Prendere il toro per le corna.

____

b. Puzzare.

____

c. Cantare chiaro / Parlare fuori dai denti.

____

d. Stare nel proprio guscio.

____

131. Ogni parola ha il suo contrario: abbina correttamente i termini e poi traducili.

a. gentileza	hipocresía
b. listo	tonto
c. sinceridad	defecto
d. sucio	inadecuado
e. adecuado	grosería
f. cualidad	limpio

a. ____________________	**d.** ____________________
b. ____________________	**e.** ____________________
c. ____________________	**f.** ____________________

132. Descrizioni. A quale parola si riferiscono?

a. Lo utilizas para lavarte los dientes. ____________

b. Te lo pones cuando sales de la ducha. ____________

c. Lo tomas cuando no consigues dormir. ____________

d. Son el calzado adecuado para ir a la playa. ____________

133. Sottolinea l'errore contenuto in ogni frase e indica la parola corretta.

a. Se confiesan en un confessonario. ____________

b. Es un avocado muy listo. ____________

c. En el pantano hay mucho baro. ____________

d. Los violinos Stradivarius son famosos por su sonido único. ____________

134. Scrivi il contrario di ogni aggettivo.

a. Tú puedes ser sincero o ____________

b. El cuarto de baño puede estar sucio o ____________

c. Un policía puede ser inflexible o ____________

d. Un novio puede ser fiel o ____________

135. Qual è il contrario di questi sostantivi che indicano qualità? Scrivilo e poi traduci entrambi i termini.

a. IMPACIENCIA ______________________________

b. SENSIBILIDAD ______________________________

c. SINCERIDAD ______________________________

d. GROSERÍA ______________________________

136. Completa gli indovinelli traducendo in spagnolo le parole tra parentesi e poi trova la soluzione.

a. En un puerto hay tres _____________ (navi)

b. uno es un _____________ (nave da crociera)

otro un transatlántico

y el otro ya te lo he dicho.

____

c. No lo parezco y soy _____________ (pesce)

y mi forma la refleja

d. una pieza de _____________ (scacchi).

__________ __ ___

137. A te la scelta: sottolinea la parola giusta.

a. Haces clic en la pantalla con el cursore /cursor.

b. Estarnudas / estornudas porque tienes resfriado.

c. De vez en cuando tengo dolor de cabeza / cabesa.

d. Vivo en una granja / granga.

e. La bañera no está limpa / limpia.

f. En domingo de Pascuas / Pascua se regalan huevos de chocolate.

138. Di tutto un po'. Scrivi i nomi di ciò che vedi nelle immagini.

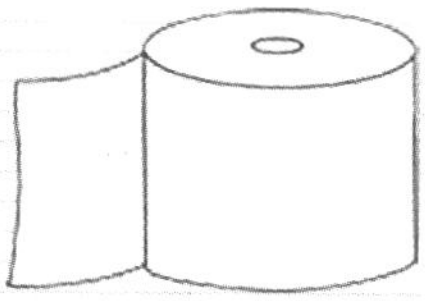

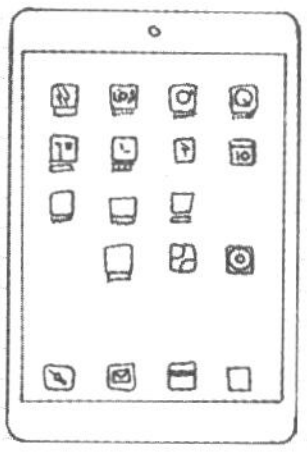

a. _____________ *b.* _____________ *c.* _____________ *d.* _____________

139. Queste espressioni idiomatiche in spagnolo fanno riferimento a termini legati a musica e strumenti musicali. Sapresti tradurle?

a. Indovinare per caso, azzeccare.

____

b. Non fare nulla di utile.

____

c. Essere la nota stonata.

____

140. Vero o falso?

	V	F
a El tiro al blanco es un deporte.	☐	☐
b. La morsa es un tipo de calzado.	☐	☐
c. El callejón es un medio de transporte.	☐	☐
d. El asado es un tipo de carne.	☐	☐
e. El bazo es un animal.	☐	☐
f. Las alpargatas son un instrumento musical.	☐	☐

141. Andiamo al cinema. Completa i titoli di questi film traducendo il termine mancante.

a. *Il vedovo*	El ____________
b. *Dieci canoe*	Diez ____________
c. *La strada verso la perdizione*	La ____________ hacia la perdición
d. *Sinbad e l'occhio della tigre*	Simbad y el ojo del ____________
e. *Il principe delle maree*	El príncipe de las ____________
f. *Il flauto magico*	La ____________ mágica

142. Completa le frasi inserendo le parole corrette.

a. El papel higiénico está en el ____________

b. La ____________ es un tipo de vivienda.

c. ____________ está al interior del cuerpo.

d. La ____________ es un animal marino.

e. Tiene ______________ porque tiene gripe.

ballena • fiebre • cuarto de baño • laringe • casa adosada

143. Traduci in spagnolo.

a. Alberto tossisce e starnutisce di frequente.

____

b. Antonia e Laura pregano insieme.

____

c. Ferdinando è un avvocato accomodante.

____

d. David non festeggia il suo onomastico.

____

144. Quali verbi descrivono l'azione raffigurata nelle immagini?

a. ____________ *b.* ____________ *c.* ____________ *d.* ____________

145. Sinonimi (s) o contrari (c)?

	S	C
a. totalmente / completamente	☐	☐
b. encender / apagar	☐	☐
c. juntos / a solas	☐	☐
d. tonto / estúpido	☐	☐
e. recordar / acordarse	☐	☐
f. sincero / hipócrita	☐	☐

146. Completa queste espressioni idiomatiche inserendo le parole mancanti.

a. Contra viento y ________

b. ______________ en su ______________.

c. ______________ de ______________ corazón.

d. Ver los ______________ ______________ la barrera

concha • desde • tripas • marea • hacer • toros • meterse

147. E ora traduci le espressioni idiomatiche dell'esercizio precedente.

a. ____

b. ____

c. ____

d. ____

148. Ricostruisci le frasi.

a. soldado – Es – bastante – un - listo

____

b. Son – y – falsos – hipócritas

____

c. chicharrones – un – Los – tipo – son – carne - de

____

d. piano – teclado – el – sucios – El – están - y

____

e. estudio – novia – con – Vive – un – en – su

____

f. aniversario – celebran – Ellos – de _ el - boda

____

149. Adesso prova con queste... un po' più difficili.

a. Es – buen – y – arquitecto – un – casa – una – vive - adosada - en

____

b. tenis – deporte – 1988 – un –mesa – es – de – olímpico – desde – El

____

c. decidimos – el – juntas – celebrar – cumpleaños - Nosotras

____

d. ferretería – Al – está – la – perfumería – la – lado - de

____

150. E per concludere in bellezza... qualche frase da tradurre!

a. I lampioni illuminano la via.

____

b. Il tuo fidanzato è simpatico.

____

c. In Irlanda ci sono molte scogliere.

____

d. Buone feste!

____

SOLUZIONI

1. ***a.*** un león ***b.*** un canguro ***c.*** una foca ***d.*** un dromedario ***e.*** un caballito de mar ***f.*** un leopardo
2. ***a.*** acantilado ***b.*** marea ***c.*** barro ***d.*** cascada ***e.*** costa ***f.*** playa
3. ***a.*** 1. vela ***b.*** 2. artes marciales ***c.*** 3 rugby ***d.*** 2. parapente
4. ***a.*** tendones ***b.*** faroles ***c.*** flautas ***d.*** ovarios ***e.*** jabones ***f.*** dolores
5. ***a.*** un violín ***b.*** una guitarra ***c.*** una trompeta ***d.*** una flauta ***e.*** un tambor ***f.*** un teclado
6. ***a.*** teclado ***b.*** ratón ***c.*** pantalla ***d.*** cursor
7. ***a.*** 4. peletería ***b.*** 3. perfumería ***c.*** 1. ferretería ***d.*** 3. joyería
8. ***a.*** fotógrafa ***b.*** soldado ***c.*** piloto ***d.*** policía
9. ***a.*** resfriado ***b.*** desmayo ***c.*** calambre ***d.*** fiebre ***e.*** escalofrío ***f.*** náusea
10. ***a.*** analgésico ***b.*** antitérmico ***c.*** laxante ***d.*** somnífero
11. ***a.*** glándula ***b.*** vesícula biliar ***c.*** bazo ***d.*** próstata ***e.*** páncreas ***f.*** amígdala
12. ***a.*** chancletas ***b.*** pantuflas ***c.*** zapatos de tacón ***d.*** botas de agua
13. ***a.*** pasta dentífrica ***b.*** papel higiénico ***c.*** espuma de afeitar ***d.*** cepillo de dientes
14. ***a.*** banco ***b.*** altar ***c.*** cruz ***d.*** púlpito ***e.*** fuente ***f.*** confesonario
15. ***a.*** 1. chalé ***b.*** 4. granja ***c.*** 1. estudio ***d.*** 2. vivienda
16. ***a.*** vómito ***b.*** mareo ***c.*** resfriado ***d.*** tos
17. ***a.*** canoa ***b.*** submarino ***c.*** barco de crucero ***d.*** yate
18. ***a.*** el esposo ***b.*** la esposa ***c.*** el testigo ***d.*** la viuda ***e.*** el viudo ***f.*** la madrina
19. ***a.*** pantera, leopardo, tigre, león ***b.*** tiburón, estrella de mar, ballena, foca
20. ***a.*** vesícula biliar ***b.*** glándula ***c.*** páncreas ***d.*** próstata ***e.*** laringe ***f.*** bazo
21. ***a.*** 2. costilla ***b.*** 1. tendón ***c.*** 3. amígdala ***d.*** 3. ovario
22. ***a.*** champú ***b.*** peine ***c.*** cepillo ***d.*** secador
23. ***a.*** bañera ***b.*** bidé ***c.*** lavabo ***d.*** water
24. ***a.*** sinceridad ***b.*** estupidez ***c.*** grosería ***d.*** insensibilidad
25. ***a.*** humilde ***b.*** estúpido ***c.*** inteligente ***d.*** hipócrita
26. ***a.*** doler ***b.*** toser ***c.*** estornudar ***d.*** desmayarse ***e.*** vomitar ***f.*** sangrar
27. ***a.*** escalofrío ***b.*** bazo ***c.*** sueco ***d.*** calzado ***e.*** cruz ***f.*** barro
28. ***a.*** lugares ***b.*** profesiones ***c.*** arte ***d.*** religión ***e.*** medicamentos ***f.*** carne
29. ***a.*** tonto ***b.*** condescendiente ***c.*** antipático ***d.*** sucio ***e.*** insensible ***f.*** perezoso
30. ***a.*** una foca ***b.*** un pulpo ***c.*** un caballito de mar ***d.*** una morsa
31. ***a.*** ferramenta ***b.*** pelletteria ***c.*** profumeria ***d.*** gioielleria
32. ***a.*** oración ***b.*** cumpleaños ***c.*** melodía ***d.*** retrato ***e.*** pantalla ***f.*** escalofrío
33. ***a.*** los naipes ***b.*** el ajedrez ***c.*** los dados ***d.*** el dominó
34. ***a.*** la pesca ***b.*** la jardinería ***c.*** la caza ***d.*** la pintura
35. ***a.*** il tiro a segno ***b.*** il parapendio ***c.*** lo sci nautico ***d.*** il canottaggio
36. ***a.*** avioneta ***b.*** cuartel ***c.*** comisaría ***d.*** tribunal
37. 1. albóndigas 2. lengua 3. paloma 4. lacón 5. asado 6. riñón
38. ***a.*** imaginar ***b.*** suponer ***c.*** recordar ***d.*** probar ***e.*** decidir ***f.*** bañarse
39. ***a.*** cancellare ***b.*** incollare ***c.*** spegnere ***d.*** accendere
40. ***a.*** jarabe ***b.*** tráfico ***c.*** playa ***d.*** sabueso ***e.*** cursor ***f.*** altar
41. ***a.*** la cebra ***b.*** el desmayo ***c.*** el escultor ***d.*** el estanque ***e.*** el fémur ***f.*** el yate

42. ***a.*** cámara ***b.*** concha ***c.*** volumen ***d.*** piloto ***e.*** riñón ***e.*** chicharrones
43. ***a.*** el paso elevado ***b.*** la glorieta / rotonda ***c.*** el carril ***d.*** la acera
44. ***a.*** peine ***b.*** secador ***c.*** cepillo ***d.*** pasta dentífrica
45. ***a.*** 2. albornoz ***b.*** 3. toalla ***c.*** 2. descarga ***d.*** 4. bañera
46. ***a.*** ordenador portátil ***b.*** equipo estéreo ***c.*** reproductor de CD ***d.*** computadora de mano
47. ***a.*** tipos de viviendas ***b.*** carne ***c.*** enfermedades y síntomas ***d.*** tipos de calzado ***e.*** arte ***f.*** relaciones personales
48. ***a.*** acantilado ***b.*** concha ***c.*** cascada ***d.*** estanque
49. ***a.*** barro ***b.*** playa ***c.*** acantilado ***d.*** guijarro ***e.*** arroyo ***f.*** pantano
50. ***a.*** viola ***b.*** flauta ***c.*** tambor ***d.*** piano
51. ***a.*** la bañera ***b.*** la faringe ***c.*** la glorieta ***d.*** el fotógrafo ***e.*** el óleo ***f.*** el sermón
52. ***a.*** espina dorsal, clavícula, costilla, fémur ***b.*** vesícula biliar, páncreas, próstata, bazo
53. ***a.*** dolor ***b.*** fiebre ***c.*** espasmo ***d.*** dolor de cabeza
54. ***a.*** la viola ***b.*** el clarinete ***c.*** el tambor ***d.*** la trompa
55. ***a.*** morcilla ***b.*** asado ***c.*** albóndigas ***d.*** pincho moruno ***e.*** puchero ***f.*** riñón
56. ***a.*** albornoces ***b.*** ✓ ***c.*** cuarteles ***d.*** ✓ ***e.*** ✓ ***f.*** ✓
57. ***a.*** teclado ***b.*** pantalla ***c.*** ratón ***d.*** ordenador portátil
58. ***a.*** cliccare ***b.*** archiviare ***c.*** incollare ***d.*** salvare ***e.*** cancellare ***f.*** selezionare
59. Orizzontali 5. acera 6. calle 7. farol 8. calzada Verticali 1. carretera 2. paso elevado 3. tráfico 4. atasco
60. ***a.*** artes marciales ***b.*** remo ***c.*** vela ***d.*** parapente ***e.*** esquí náutico ***f.*** tiro al blanco
61. ***a.*** Navidad ***b.*** Nochevieja ***c.*** Epifanía / día de Reyes ***d.*** Pascua
62. ***a.*** gentileza ***b.*** paciencia ***c.*** sensibilidad ***d.*** sinceridad
63. ***a.*** impaciencia ***b.*** arrogancia ***c.*** grosería ***d.*** hipocresía
64. ***a.*** antipático ***b.*** perezoso ***c.*** insensible ***e.*** mentiroso
65. 1. congestión 2. vómito 3. tos 4. espasmo 5. desmayo 6. náusea
66. ***a.*** ¡Felicidades! ***b.*** ¡Feliz Navidad! ***c.*** ¡Enhorabuena! / ¡Felicitaciones! ***d.*** ¡Feliz año!
67. ***a.*** rinoceronte ***b.*** hipopótamo ***c.*** tigre ***d.*** cebra
68. ***a.*** leopardo ***b.*** búfalo ***c.*** babuino ***d.*** panda
69. ***a.*** il tricheco ***b.*** lo squalo ***c.*** il polpo / la piovra ***d.*** il cavalluccio marino
70. ***a.*** orilla ***b.*** costa ***c.*** playa ***d.*** marea ***e.*** golfo ***f.*** acantilado
71. ***a.*** pintar ***b.*** retrato ***c.*** esculpir ***d.*** fotógrafo / fotografía
72. ***a.*** bañera ***b.*** bidé ***c.*** water ***d.*** ducha
73. ***a.*** cursores ***b.*** riñones ***c.*** jarabes ***d.*** ovarios ***e.*** planeadores ***f.*** dioses
74. ***a.*** toalla ***b.*** máquina de afeitar ***c.*** secador ***d.*** brocha de afeitar
75. ***a.*** fidanzata / promessa sposa ***b.*** padrino ***c.*** testimone ***d.*** sposa ***e.*** vedovo ***f.*** vedova
76. ***a.*** entre ***b.*** al lado de ***c.*** alrededor del ***d.*** encima de
77. ***a.*** pantalla ***b.*** mural ***c.*** costilla ***d.*** granja
78. ***a.*** la pesca ***b.*** la caza ***c.*** la jardinería ***d.*** la pintura ***e.*** la fotografía ***f.*** la cámara digital
79. ***a.*** el ajedrez ***b.*** los dados ***c.*** el dominó ***d.*** las damas
80. ***a.*** piloto ***b.*** soldado ***c.*** procurador ***d.*** pintor
81. ***a.*** arte ***b.*** enfermedades y síntomas ***c.*** tipos de calzado ***d.*** medios de transporte ***e.*** naturaleza ***f.*** relaciones personales

82. ***a.*** encender ***b.*** cancelar ***c.*** morir ***d.*** recordar
83. ***a.*** toalla ***b.*** caza ***c.*** bronquitis ***d.*** babuino ***e.*** concha ***f.*** abogado ***g.*** acera LARINGE
84. ***a.*** las albóndigas ***b.*** el alcalde ***c.*** la chancleta ***d.*** el sabueso ***e.*** la ferretería ***f.*** el arroyo
85. ***a.*** C ***b.*** S ***c.*** C ***d.*** C ***e.*** S ***f.*** S
86. ***a.*** sensible ***b.*** bañera ***c.*** dolor de cabeza ***d.*** ordenador ***e.*** reza ***f.*** cuartel
87. ***a.*** resfriado ***b.*** jabón ***c.*** Nochevieja ***d.*** jarabe
88. ***a.*** arrogante ***b.*** humildad ***c.*** paciente ***d.*** sinceridad
89. ***a.*** artes marciales ***b.*** rugby ***c.*** tiro al blanco ***d.*** golf
90. ***a.*** peletería ***b.*** joyería ***c.*** mercería ***d.*** ferretería
91. ***a.*** Enrique: pesca, jardinería ***b.*** Carmen: fotografía ***c.*** Pablo: pintura
92. Orizzontali 3. estornudar 6. temblar 7. toser Verticali 1. vomitar 2. doler 4. sangrar 5. desmayarse
93. ***a.*** religión ***b.*** cuarto de baño ***c.*** enfermedades y síntomas ***d.*** animales ***e.*** profesiones ***f.*** naturaleza
94. ***a.*** frecuentemente ***b.*** totalmente ***c.*** juntos ***d.*** bastante
95. ***a.*** condescendiente ***b.*** cumpleaños ***c.*** arquitecto ***d.*** escucha ***e.*** murales ***f.*** se desmaya
96. ***a.*** miente ***b.*** estornuda ***c.*** vive ***d.*** olvida ***e.*** celebran
97. ***a.*** escuchar ***b.*** estornudar ***c.*** pescar ***d.*** cepillar
98. ***a.*** el water ***b.*** la casa unifamiliar ***c.*** la fiebre ***d.*** la acera ***e.*** la cámara ***f.*** la pantalla
99. ***a.*** cree ***b.*** soportáis ***c.*** celebra ***d.*** cepilla ***e.*** apaga ***f.*** recuerda
100. ***a.*** sucio ***b.*** intolerante ***c.*** sincera ***d.*** impaciente ***e.*** insensible ***f.*** laborioso
101. ***a.*** V ***b.*** V ***c.*** F ***d.*** F ***e.*** V ***f.*** F
102. ***b.*** la calle ***c.*** un cuartel ***f.*** enciendo; el farol
103. ***a.*** león ***b.*** pantera ***c.*** ballena ***d.*** esposa ***e.*** novio ***f.*** viuda
104. ***a.*** comisaría ***b.*** calzadas ***c.*** Nochebuena ***d.*** frecuentemente
105. ***a.*** ¡Feliz Navidad! ***b.*** ¡Feliz Pascua! ***c.*** ¡Feliz Cumpleaños! ***d.*** ¡Enhorabuena!
106. ***a.*** gripe ***b.*** insomnio ***c.*** indigestión ***d.*** escalofríos ***e.*** náusea
107. ***a.*** murciélagos ***b.*** toro ***c.*** panda ***d.*** sabueso
108. ***a.*** frecuentemente ***b.*** de vez en cuando ***c.*** totalmente ***d.*** bastante
109. ***a.*** analgésico ***b.*** somnífero ***c.*** laxante ***d.*** jarabe ***e.*** antifebril / antitérmico ***f.*** antibiótico
110. ***a.*** lomo de cerdo, lonza ***b.*** carne picada, carne trita ***c.*** rollito de carne, involtino ***d.*** pincho moruno, spiedino
111. ***a.*** casa adosada ***b.*** casa unifamiliar ***c.*** estudio ***d.*** granja ***e.*** vivienda ***f.*** chalé
112. ***a.*** la toalla ***b.*** con dos barajas ***c.*** de tripas corazón ***d.*** a la orilla
113. ***a.*** a tigre ***b.*** toalla ***c.*** el toro, los cuernos ***d.*** la flauta, casualidad
114. ***a.*** 2. desmayo ***b.*** 4. atasco ***c.*** 4. murciélago ***d.*** 1. naipes ***e.*** 2. hipopótamo ***f.*** 1. estreñimiento
115. ***a.*** inteligente ***b.*** arrogancia ***c.*** animales ***d.*** hasta
116. ***a.*** el parapente ***b.*** el arroyo ***c.*** la morsa ***d.*** el banco de iglesia ***e.*** los dados ***f.*** el escalofrío
117. ***a.*** esposo, prometido, cónyuge, padrino ***b.*** novia, viuda, madrina, cónyuge
118. ***a.*** barco de crucero ***b.*** submarino ***c.*** globo aerostático ***d.*** yate

119. ***a.*** pantuflas ***b.*** chancletas ***c.*** botas de agua ***d.*** zapatillas de deporte
120. ***a.*** dromedario ***b.*** camello ***c.*** canguro ***d.*** cebra
121. ***a.*** el ordenador portátil ***b.*** los dientes ***c.*** una melodía ***d.*** un retrato ***e.*** en la bañera ***f.*** la Navidad
122. ***a.*** altar ***b.*** auriculares ***c.*** albornoz ***d.*** granja ***e.*** fiebre
123. ***a.*** 2. teclado ***b.*** 1. jardinería ***c.*** 2. camello ***d.*** 1. concha ***e.*** 3. arquitecto ***f.*** 4. procurador
124. ***a.*** semáforo ***b.*** farol ***c.*** paso de cebra ***d.*** glorieta / rotonda
125. ***a.*** la flauta ***b.*** nota ***c.*** violín
126. ***a.*** F ***b.*** V ***c.*** F ***d.*** F ***e.*** V ***f.*** V
127. ***a.*** indigestión ***b.*** desmayo ***c.*** escalofríos ***d.*** insomnio
128. ***a.*** Navidad, Navidad ***b.*** Navidad ***c.*** festejar / celebrar ***d.*** Navidad ***e.*** Nochebuena ***f.*** Dios
129. ***a.*** en su concha ***b.*** moros en la costa ***c.*** los toros desde la barrera ***d.*** la nota
130. ***a.*** Coger el toro por los cuernos ***b.*** Oler a tigre ***c.*** Soltarle a alguien el toro ***d.*** Meterse en su concha
131. ***a.*** grosería; gentilezza, scortesia / maleducazione ***b.*** tonto; furbo, stupido ***c.*** hipocresía; sincerità, ipocrisia ***d.*** limpio; sporco, pulito ***e.*** inadecuado; adeguato / inadeguato ***f.*** defecto; qualità, difetto
132. ***a.*** cepillo de dientes ***b.*** albornoz ***c.*** somnífero ***d.*** chancletas
133. ***a.*** confesonario ***b.*** abogado ***c.*** barro ***d.*** violines
134. ***a.*** mentiroso ***b.*** limpio ***c.*** condescendiente ***d.*** infiel
135. ***a.*** paciencia; impazienza, pazienza ***b.*** insensibilidad; sensibilità, insensibilità ***c.*** hipocresía; sincerità, ipocrisia ***d.*** gentileza; scortesia/maleducazione, gentilezza
136. ***a.*** barcos ***b.*** barco de crucero YATE ***c.*** pez ***d.*** ajedrez CABALLITO DE MAR
137. ***a.*** çursor ***b.*** estornudas ***c.*** cabeza ***d.*** granja ***e.*** limpia ***f.*** Pascua
138. ***a.*** papel higiénico ***b.*** jabón ***c.*** computadora de mano ***d.*** alfombrilla
139. ***a.*** Sonar la flauta por casualidad ***b.*** Tocar el violín ***c.*** Dar la nota
140. ***a.*** V ***b.*** F ***c.*** F ***d.*** V ***e.*** F ***f.*** F
141. ***a.*** viudo ***b.*** canoas ***c.*** calle ***d.*** tigre ***e.*** mareas ***f.*** flauta
142. ***a.*** cuarto de baño ***b.*** casa adosada ***c.*** laringe ***d.*** ballena ***e.*** fiebre
143. ***a.*** Alberto tose y estornuda frecuentemente ***b.*** Antonia y Laura rezan juntas ***c.*** Ferdinando es un abogado condescendiente ***d.*** David no celebra su onomástico
144. ***a.*** celebrar ***b.*** rezar ***c.*** bañarse ***d.*** esculpir
145. ***a.*** S ***b.*** C ***c.*** C ***d.*** S ***e.*** S ***f.*** C
146. ***a.*** marea ***b.*** Meterse, concha ***c.*** Hacer, tripas ***d.*** toros, desde
147. ***a.*** Contro ogni ostacolo ***b.*** Ritrarsi, sfuggire le altre persone ***c.*** Fare di necessità virtù ***d.*** Tenersi in disparte, stare a guardare
148. ***a.*** Es un soldado bastante listo ***b.*** Son hipócritas y falsos ***c.*** Los chicharrones son un tipo de carne ***d.*** El piano y el teclado están sucios ***e.*** Vive en un estudio con su novia ***f.*** Ellos celebran el aniversario de boda
149. ***a.*** Es un buen arquitecto y vive en una casa adosada ***b.*** El tenis de mesa es un deporte olímpico desde 1988 ***c.*** Nosotras decidimos celebrar el cumpleaños juntas ***d.*** Al lado de la perfumería / ferretería está la ferretería / perfumería
150. ***a.*** Los faroles iluminan la calle ***b.*** Tu novio es simpático ***c.*** En Irlanda hay muchos acantilados ***d.*** ¡Felices Pascuas!